PROLOG

An der Freude des Menschen am Schönen haben stets Geist und Sinne in gleichem Maße teil, und solange Menschen fähig sind, sich mitten in den Drangsalen und Gefährdungen ihres Lebens solcher Dinge zu freuen: eines Farbenspieles in der Natur oder im gemalten Bilde, eines Anrufes in den Stimmen der Stürme und des Meeres oder einer von Menschen gemachten Musik, solange ihnen hinter der Oberfläche der Interessen und Nöte die Welt als Ganzes sichtbar oder fühlbar werden kann, worin vom Kopfdrehen einer spielenden jungen Katze bis zum Variationenspiel einer Sonate, vom rührenden Blick eines Hundes bis zur Tragödie eines Dichters ein Zusammenhang, ein tausendfältiger Reichtum an Beziehungen, Entsprechungen, Analogien und Spiegelungen besteht, aus deren ewig fließender Sprache den Hörern Freude und Weisheit, Spaß und Rührung zuteil wird – solange wird der Mensch seiner Fragwürdigkeiten immer wieder Herr werden und seinem Dasein immer wieder Sinn zuschreiben können, denn der „Sinn" ist ja eben jene Einheit des Vielfältigen, oder doch jene Fähigkeit des Geistes, den Wirrwarr der Welt als Einheit und Harmonie zu ahnen.

Hermann Hesse
Aus *Glück*

„... UND JEDEM ANFANG WOHNT EIN ZAUBER INNE ...“

Nach sechs Jahren intensiver Beschäftigung mit der Poesie Rainer Maria Rilkes, überaus erfolgreichen CDs, einer unvergesslichen Tournee durch Deutschland und dem „Ritterschlag“, dem Internationalen Buchpreis CORINE 2004 für das beste Hörbuch, war es so weit. Wir waren bereit, uns einer neuen Aufgabe zu widmen. Leicht fiel es uns nicht, „unseren“ lieb gewonnenen Rilke zu „verlassen“ und eine neue Herausforderung anzunehmen. Schön war die Zeit, in der uns Rilkes Gedichte durch den Tag begleiteten, stellte doch die Arbeit am *Rilke Projekt* im privaten und beruflichen Leben für uns neue Weichen. Wer sollte also unser „neuer“ Dichter sein? Wer, nicht vergleichbar und doch von dieser packenden Intensität? Wer, gleichermaßen berührend und doch eine andere Sprache sprechend? Wer, musikalisch so inspirierend, dass daraus ein neues einzigartiges Projekt entstehen könnte? Die Antwort war schnell gefunden: Hermann Hesse.

„Tat twam asi – Das bist Du“

Die Jugendjahre, die Zeiten der Sinnsuche und Orientierung, sind fest verbunden mit Hesses Werk. *Siddhartha, Demian, Narziß und Goldmund, Der Steppenwolf* wurden Kraftquellen, gaben Rückendeckung. Hesses gelebtes Weltbürgertum, seine Authentizität, sein übernationales Denken zeigten wie ein Lichtstrahl auf eine neue, bis zu diesem Zeitpunkt unbekannte Sichtweise des Lebens. Hesse beobachtete die Welt und ihre Erscheinungen mit scharfem Verstand, hinterfragte bestehende Strukturen des Miteinanders der Gesellschaft und forderte somit auf, die eigenen Sinne zu schärfen, hinter die Kulissen zu schauen, Sinn und Geschmack für das Verbindende zu entwickeln – kurzum, er ermunterte, die „Eigenart" zu entdecken und zu kultivieren, seinen eigenen Platz im Gefüge zu finden und sich doch als verantwortlicher Teil eines Ganzen zu begreifen. In einer Zeit geprägt von Oberflächlichkeit, Überinformation und Konsumseligkeit sicher ein Weg, der lohnt, wiederentdeckt zu werden.

„... Und wo sich Wort und Ton gesellt ..."

Wir legten sodann fest, wohin die musikalische Reise gehen sollte. Stilistisch verlangte die klare, manchmal strenge schnörkellose Sprache Hesses akzentuierte, sparsame Arrangements. Gleichzeitig findet man in seinem Werk diese einzigartige Verbindung von östlicher Spiritualität und abendländischer Aktivität. Die Idee war also, die Verbindung von Orient und Okzident hörbar zu machen, ohne den Worten Hesses den Raum für ihre Entfaltung zu nehmen. Die Kombination von klassischem Streichorchester und Elementen aus der Musik anderer Kulturen mit ihrer Klangvielfalt sollte somit ein wichtiger Bestandteil bei der Umsetzung werden. Die Zeitlosigkeit und Aktualität seines Gedankenguts, das Völkerverbindende, der Mensch in all seinen Facetten jenseits von Herkunft und Religion waren zentraler Ausgangspunkt in der Auswahl der Texte und der Arbeit an der Musik.

„... Wo Lied erklingt, Kunst sich entfaltet ..."

Wir hatten mit dem *Rilke Projekt* viel Erfahrung sammeln können und doch stellten wir fest, dass wir mit der Arbeit am *Hesse Projekt* unerwartete Dimensionen hinsichtlich des Zeitaufwandes und der Logistik kennen lernen sollten. Wir korrespondierten über Monate mit Künstlern aus Deutschland, den USA, England, Polen, Indien, Nepal, Australien, Österreich und der Schweiz, reisten mit Kamerateam und Fotograf quer durch Deutschland und in die Schweiz, von Studio zu Studio, wo die Aufnahmen mit den verschiedenen Interpreten und Musikern stattfanden, und setzten so Steinchen für Steinchen zusammen, um das Bild, das uns vorschwebte, zu realisieren.

Ani Choying Drolma, deren überirdischen Gesang wir zufällig in der TV-Sendung „Kulturzeit" hörten, und die wir auf wundersame Weise drei Tage später im Studio aufnahmen, bildete den Anfang einer spannenden, manchmal bis an die Grenzen der Belastbarkeit gehenden, aber immer „Wunder-vollen" Produktion. Es war für uns eine große Freude mitzuerleben, mit welchem Respekt und welcher Sorgfalt und Sensibilität die Interpreten/innen sich den Texten Hesses näherten. Das Vertrauen, das wir von allen Mitwirkenden erfahren durften, und die Unterstützung aller am Projekt Beteiligten machten für uns die Produktion, die insgesamt zwei Jahre dauern sollte, zu einem unvergesslichen Erlebnis.

Das Ergebnis ist nun hörbar.

In der Hoffnung, Sie verzaubern zu können –
herzlich
Angelica Fleer und Richard Schönherz

Gedichte

◦ 1 ◦ Matthias Habich

Die Welt unser Traum

TABLAS/SHAKER **Trilok Gurtu**

Nachts im Traum die Städt' und Leute,
Ungeheuer, Luftgebäude,
Alle, weißt du, alle steigen
Aus der Seele dunklem Raum,
Sind dein Bild und Werk, dein eigen,
Sind dein Traum.

Geh am Tag durch Stadt und Gassen,
Schau in Wolken, in Gesichter,
Und du wirst verwundert fassen:
Sie sind dein, du bist ihr Dichter!
Alles, was vor deinen Sinnen
Hundertfältig lebt und gaukelt,
Ist ja dein, ist in dir innen,
Traum, den deine Seele schaukelt.
Durch dich selber ewig schreitend,
Bald beschränkend dich, bald weitend,
Bist du Redender und Hörer,
Bist du Schöpfer und Zerstörer.
Zauberkräfte, längst vergeßne,
Spinnen heiligen Betrug,
Und die Welt, die unermeßne,
Lebt von deinem Atemzug.

◦ 2 ◦ **Roger Willemsen**
Daß Gott in jedem von uns lebt

Daß Gott in jedem von uns lebt, daß jeder Fleck Erde uns Heimat sei, jeder Mensch uns verwandt und Bruder ist, daß das Wissen um diese göttliche Einheit alle Trennung in Rassen, Völker, in Reich und Arm, in Bekenntnisse und Parteien als Spuk und Täuschung entlarvt – das ist der Punkt, auf den wir zurückkehren, wenn furchtbare Not oder zarte Rührung unser Ohr geöffnet und unser Herz wieder liebefähig gemacht hat.

◦ 3 ◦ **Xavier Naidoo** *Der Liebende*

Nun liegt dein Freund wach in der milden Nacht,
Noch warm von dir, noch voll von deinem Duft,
Von deinem Blick und Haar und Kuß –
o Mitternacht,
O Mond und Stern und blaue Nebelluft!
In dich, Geliebte, steigt mein Traum
Tief wie in Meer, Gebirg und Kluft hinein,
Verspritzt in Brandung und verweht zu Schaum,
Ist Sonne, Wurzel, Tier,
Nur um bei dir,
Um nah bei dir zu sein.
Saturn kreist fern und Mond, ich seh sie nicht,
Seh nur in Blumenblässe dein Gesicht,
Und lache still und weine trunken,
Nicht Glück, nicht Leid ist mehr,
Nur du, nur ich und du, versunken
Ins tiefe All, ins tiefe Meer,
Darein sind wir verloren,
Drin sterben wir und werden neugeboren.

◦ 4 ◦ **Juliane Köhler** *Kleiner Gesang*

Regenbogengedicht,
Zauber aus sterbendem Licht,
Glück wie Musik zerronnen,
Schmerz im Madonnengesicht,
Daseins bittere Wonnen ...

Blüten vom Sturm gefegt,
Kränze auf Gräber gelegt,
Heiterkeit ohne Dauer,
Stern, der ins Dunkel fällt:
Schleier von Schönheit und Trauer
Über dem Abgrund der Welt.

◦ 5 ◦ **Ben Becker** *Abends*

Abends gehn die Liebespaare
Langsam durch das Feld,
Frauen lösen ihre Haare,
Händler zählen Geld,
Bürger lesen bang das Neuste
In dem Abendblatt,
Kinder ballen kleine Fäuste,
Schlafen tief und satt.
Jeder tut das einzig Wahre,
Folgt erhabner Pflicht,
Säugling, Bürger, Liebespaare –
Und ich selber nicht?

Doch! Auch meiner Abendtaten,
Deren Sklav' ich bin,
Kann der Weltgeist nicht entraten,
Sie auch haben Sinn.

Und so geh ich auf und nieder,
Tanze innerlich,
Summe dumme Gassenlieder,
Lobe Gott und mich,
Trinke Wein und phantasiere,
Daß ich Pascha wär,
Fühle Sorgen an der Niere,
Lächle, trinke mehr,
Sage ja zu meinem Herzen
(Morgens geht es nicht),
Spinne aus vergangenen Schmerzen
Spielend ein Gedicht,
Sehe Mond und Sterne kreisen,
Ahne ihren Sinn,
Fühle mich mit ihnen reisen
Einerlei wohin.

◦ 6 ◦ **Annett Louisan**
Blauer Schmetterling

Flügelt ein kleiner blauer
Falter vom Wind geweht,
Ein perlmutterner Schauer,
Glitzert, flimmert, vergeht.
So mit Augenblicksblinken,
So im Vorüberwehn
Sah ich das Glück mir winken,
Glitzern, flimmern, vergehn.

◦ 7 ◦ Roger Willemsen

Je differenzierter, je feinfühliger und beziehungsreicher wir zu lesen verstehen

Je differenzierter, je feinfühliger und beziehungsreicher wir zu lesen verstehen, desto mehr sehen wir jeden Gedanken und jede Dichtung in ihrer Einmaligkeit, in ihrer Individualität und engen Bedingtheit, und sehen, daß alle Schönheit, aller Reiz gerade auf dieser Individualität und Einmaligkeit beruht – und zugleich glauben wir dennoch, immer deutlicher zu sehen, wie alle diese hunderttausend Stimmen der Völker nach demselben Ziele streben, unter anderem Namen dieselben Götter anrufen, dieselben Wünsche träumen, dieselben Leiden leiden. Aus dem tausendfältigen Gespinste unzähliger Sprachen und Bücher aus mehreren Jahrtausenden blickt in erleuchteten Augenblicken den Leser eine wunderlich erhabene und überwirkliche Chimäre an: das Angesicht des Menschen, aus tausend widersprechenden Zügen zur Einheit gezaubert.

◦ 8 ◦ Matthias Habich *Im Nebel*

Seltsam, im Nebel zu wandern!
Einsam ist jeder Busch und Stein,
Kein Baum sieht den andern,
Jeder ist allein.

Voll von Freunden war mir die Welt,
Als noch mein Leben licht war;
Nun, da der Nebel fällt,
Ist keiner mehr sichtbar.

Wahrlich, keiner ist weise,
Der nicht das Dunkel kennt,
Das unentrinnbar und leise
Von allen ihn trennt.

Seltsam, im Nebel zu wandern!
Leben ist Einsamsein.
Kein Mensch kennt den andern,
Jeder ist allein.

◦ 9 ◦ Juliane Köhler *Flötenspiel*

Ein Haus bei Nacht durch
Strauch und Baum
Ein Fenster leise schimmern ließ,
Und dort im unsichtbaren Raum
Ein Flötenspieler stand und blies.

Es war ein Lied so altbekannt,
Es floß so gütig in die Nacht,
Als wäre Heimat jedes Land,
Als wäre jeder Weg vollbracht.

Es war der Welt geheimer Sinn
In seinem Atem offenbart,
Und willig gab das Herz sich hin
Und alle Zeit ward Gegenwart.

◦ 10 ◦ Members of Söhne Mannheims *Sprache*

Die Sonne spricht zu uns mit Licht,
Mit Duft und Farbe spricht die Blume,
Mit Wolken, Schnee und Regen spricht
Die Luft. Es lebt im Heiligtume
Der Welt ein unstillbarer Drang,
Der Dinge Stummheit zu durchbrechen,
In Wort, Gebärde, Farbe, Klang
Des Seins Geheimnis auszusprechen.
Hier strömt der Künste lichter Quell,
Es ringt nach Wort, nach Offenbarung,
Nach Geist die Welt und kündet hell
Aus Menschenlippen ewige Erfahrung.
Nach Sprache sehnt sich alles Leben,
In Wort und Zahl, in Farbe, Linie, Ton
Beschwört sich unser dumpfes Streben
Und baut des Sinnes immer höhern Thron.

In einer Blume Rot und Blau,
In eines Dichters Worte wendet
Nach innen sich der Schöpfung Bau,
Der stets beginnt und niemals endet.
Und wo sich Wort und Ton gesellt,
Wo Lied erklingt, Kunst sich entfaltet,
Wird jedesmal der Sinn der Welt,
Des ganzen Daseins neu gestaltet,

Und jedes Lied und jedes Buch
Und jedes Bild ist ein Enthüllen,
Ein neuer, tausendster Versuch,
Des Lebens Einheit zu erfüllen.
In diese Einheit einzugehn,
Lockt euch die Dichtung, die Musik,
Der Schöpfung Vielfalt zu verstehn,
Genügt ein einziger Spiegelblick.
Was uns Verworrenes begegnet,
Wird klar und einfach im Gedicht:
Die Blume lacht, die Wolke regnet,
Die Welt hat Sinn, das Stumme spricht.

◦ 11 ◦ Caterina Valente

Wo wir etwas finden, das wie Musik ist

FLUGELHORN solo by **Till Brönner**

Wo wir etwas finden, das wie Musik ist, da müssen wir bleiben; es gibt im Leben gar nichts andres zu Erstrebendes als das Gefühl der Musik, das Gefühl des Mitschwingens und rhythmischen Lebens, der harmonischen Berechtigung zum Dasein.

◦ 12 ◦ Roger Willemsen *Mein Leben*

Mein Leben, so etwa nahm ich mir vor, sollte ein Transzendieren sein, ein Fortschreiten von Stufe zu Stufe, es sollte ein Raum um den andern durchschritten und zurückgelassen werden, wo wie eine Musik Thema um Thema, Tempo um Tempo erledigt, abspielt, vollendet und hinter sich läßt, nie müde, nie schlafend, stets wach, stets vollkommen gegenwärtig. Im Zusammenhang mit den Erlebnissen des Erwachens hatte ich gemerkt, daß es solche Stufen und Räume gibt und daß jeweils die letzte Zeit eines Lebensabschnittes eine Tönung von Welke und Sterbenwollen in sich trägt, welche dann zum Hinüberwechseln in einen neuen Raum, zum Erwachen, zu neuem Anfang führt.

◦ 13 ◦ Juliane Köhler *Regen*
HARFE **Andreas Vollenweider**

Lauer Regen, Sommerregen
Rauscht von Büschen, rauscht von Bäumen,
Oh, wie gut und voller Segen,
Einmal wieder satt zu träumen!

War so lang im Hellen draußen,
Ungewohnt ist mir dies Wogen:
In der eignen Seele hausen,
Nirgend fremdwärts hingezogen.

Nichts begehr ich, nichts verlang ich,
Summe leise Kindertöne,
Und verwundert heim gelang ich
In der Träume warme Schöne.

Herz, wie bist du wundgerissen,
Und wie selig, blind zu wühlen,
Nicht zu denken, nicht zu wissen,
Nur zu fühlen, nur zu fühlen!

◦ 14 ◦ Annett Louisan
In Sand geschrieben

Daß das Schöne und Berückende
Nur ein Hauch und Schauer sei,
Daß das Köstliche, Entzückende,
Holde ohne Dauer sei:
Wolke, Blume, Seifenblase,
Feuerwerk und Kinderlachen,
Frauenblick im Spiegelglase
Und viel andre wunderbare Sachen,
Daß sie, kaum entdeckt, vergehen,
Nur von Augenblickes Dauer,
Nur ein Duft und Windeswehen,
Ach, wir wissen es mit Trauer.
Und das Dauerhafte, Starre
Ist uns nicht so innig teuer:
Edelstein mit kühlem Feuer,
Glänzendschwere Goldesbarre;
Selbst die Sterne, nicht zu zählen,
Bleiben fern und fremd, sie gleichen
Uns Vergänglichen nicht, erreichen
Nicht das Innerste der Seelen.

Nein, es scheint das innigst Schöne,
Liebenswerte dem Verderben
Zugeneigt, stets nah am Sterben,
Und das Köstlichste: die Töne
Der Musik, die im Entstehen
Schon enteilen, schon vergehen,
Sind nur Wehen, Strömen, Jagen
Und umweht von leiser Trauer,
Denn auch nicht auf Herzschlags Dauer
Lassen sie sich halten, bannen;
Ton um Ton, kaum angeschlagen,
Schwindet schon und rinnt von dannen.

So ist unser Herz dem Flüchtigen,
Ist dem Fließenden, dem Leben
Treu und brüderlich ergeben,
Nicht dem Festen, Dauertüchtigen.
Bald ermüdet uns das Bleibende,
Fels und Sternwelt und Juwelen,
Uns in ewigem Wandel treibende
Wind- und Seifenblasenseelen,
Zeitvermählte, Dauerlose,
Denen Tau am Blatt der Rose,
Denen eines Vogels Werben,
Eines Wolkenspieles Sterben,
Schneegeflimmer, Regenbogen,
Falter, schon hinweggeflogen,
Denen eines Lachens Läuten,
Das uns im Vorübergehen
Kaum gestreift, ein Fest bedeuten
Oder wehtun kann. Wir lieben,
Was uns gleich ist, und verstehen,
Was der Wind in Sand geschrieben.

◦ 15 ◦ Matthias Habich

Jede Erscheinung auf Erden ist ein Gleichnis

Jede Erscheinung auf Erden
ist ein Gleichnis, und jedes
Gleichnis ist ein offenes
Tor, durch welches die Seele,
wenn sie bereit ist, in das
Innere der Welt zu gehen ver-
mag, wo du und ich und Tag
und Nacht alle eines sind.

◦ 16 ◦ Matthias Habich

Der erhobene Finger (Für Wilhelm Gundert)

GESANG **Ani Choying Drolma**
TABLAS/SHAKER **Trilok Gurtu**

Meister Djü-dschi war, wie man uns berichtet,
Von stiller, sanfter Art und so bescheiden,
Daß er auf Wort und Lehre ganz verzichtet,
Denn Wort ist Schein, und jeden Schein zu meiden
War er gewissenhaft bedacht.
Wo manche Schüler, Mönche und Novizen
Vom Sinn der Welt, vom höchsten Gut
In edler Rede und in Geistesblitzen
Gern sich ergingen, hielt er schweigend Wacht,
Vor jedem Überschwange auf der Hut.
Und wenn sie ihm mit ihren Fragen kamen,
Den eitlen wie den ernsten, nach dem Sinn
Der alten Schriften, nach den Buddha-Namen,
Nach der Erleuchtung, nach der Welt Beginn
Und Untergang, verblieb er schweigend,
Nur leise mit dem Finger aufwärts zeigend.
Und dieses Fingers stumm-beredtes Zeigen
Ward immer inniger und mahnender: es sprach,
Es lehrte, lobte, strafte, wies so eigen
Ins Herz der Welt und Wahrheit, daß hernach
So mancher Jünger dieses Fingers sachte
Hebung verstand, erbebte und erwachte.

◦ 17 ◦ **Juliane Köhler** *Glück*

Solang du nach dem Glücke jagst,
Bist du nicht reif zum Glücklichsein,
Und wäre alles Liebste dein.

Solang du um Verlornes klagst
Und Ziele hast und rastlos bist,
Weißt du noch nicht, was Friede ist.

Erst wenn du jedem Wunsch entsagst,
Nicht Ziel mehr noch Begehren kennst,
Das Glück nicht mehr mit Namen nennst,

Dann reicht dir des Geschehens Flut
Nicht mehr ans Herz, und deine Seele ruht.

◦ 18 ◦ **Ben Becker** *Liebeslied*

Ich bin der Hirsch und du das Reh,
Der Vogel du und ich der Baum,
Die Sonne du und ich der Schnee,
Du bist der Tag und ich der Traum.

Nachts aus meinem schlafenden Mund
Fliegt ein Goldvogel zu dir,
Hell ist seine Stimme, sein Flügel bunt,
Der singt dir das Lied von der Liebe,
Der singt dir das Lied von mir.

Angelica Fleer & Richard Schönherz

Paul McCandless

Ali Neander

Willy Wagner

Andreas Neubauer

Steve Bak

Stephen Kent

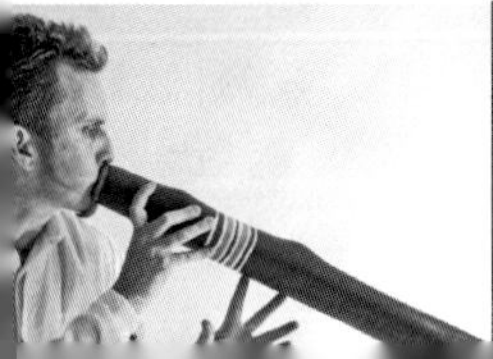

Ossi Schaller

Christoph Aupperle

Tommy Baldu

Martin Wagner

Die Musiker

ANGELICA FLEER & RICHARD SCHÖNHERZ Keyboards, Programming
RICHARD SCHÖNHERZ Konzertflügel Steinway & Sons Model D
PAUL MCCANDLESS Oboe, Englischhorn, Klarinette, Bassklarinette, Duduk, Celtic Flute (Track 1, 4, 6, 9, 10, 14, 17, 18)
ALI NEANDER Akustische und elektrische Gitarren (Track 3, 5, 8, 10, 11, 17)
WILLY WAGNER Kontrabass, E-Bass (Track 2, 4, 6, 8, 9, 11, 17)
ANDREAS NEUBAUER Schlagzeug, Perkussion (Track 1, 6, 8, 11, 13, 17)
TOMMY BALDU Schlagzeug, Framedrum, Shaker (Track 1, 3, 10)
CHRISTOPH AUPPERLE Vibraphon (Track 6, 12)
OSSI SCHALLER Akustische Gitarre, Dobro (Track 8)
STEPHEN KENT Didgeridoo, Shaker (Track 1)
MARTIN WAGNER Akkordeon (Track 4)
STEVE BAKER Blues Harp (Track 8)

Streichorchester

SYMPHONIC LAB. ORCHESTRA WARSAW
Orchestrationen: Richard Schönherz
Orchesterleitung: Manfred Honetschläger und Richard Schönherz
Orchesteraufnahmen und Orchestermischung: Tadeusz Mieczkowski
Aufnahmeleitung: Peter Siedlaczek

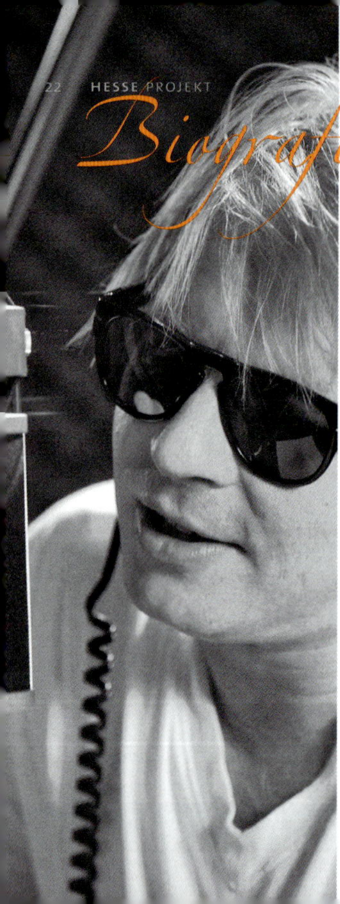

Biografien

Ben Becker, Sohn des Schauspielerehepaares Monika Hansen und Rolf Becker, wurde 1964 in Bremen geboren. Nach zweijähriger Arbeit als Bühnenarbeiter absolvierte er von 1993 bis 1997 an der Schaubühne am Lehniner Platz in Berlin seine Schauspielausbildung. *Eine Liebe in Deutschland* wird 1983 sein Filmdebüt. Der lebhafte, energiegeladene Verwandlungskünstler mit dem besonderen Gespür für schwierige Charaktere ist fortan in unzähligen Fernseh- und Kinorollen zu sehen. Seine darstellerischen Leistungen in Filmen wie *Schlafes Bruder* (1994), *Comedian Harmonists* (1997) oder *Sass* (2001) machen den zweifachen Grimme-Preis-Träger zu einem der gefragtesten deutschen Schauspieler. 2006 beeindruckt er in Oliver Hirschbiegels *Ein ganz gewöhnlicher Jude* als Protagonist Emanuel Goldfarb mit seiner ganzen darstellerischen Wucht. 1997 bringt er seine erste CD heraus: *Und lautlos fliegt der Kopf weg*. Weitab vom Mainstream singt, rezitiert und schreit Becker seine Kurzgeschichten zu Jazz- und Trashklängen.

Till Brönner, Jahrgang 1971, wird von der Fachwelt als der im Ausland bekannteste und erfolgreichste Musiker Deutschlands bezeichnet. Nach einer klassischen Ausbildung studierte er Jazz-Trompete an der Musikhochschule Köln. Kurz darauf wurde er als 20-Jähriger in die RIAS-Bigband aufgenommen. Das allerdings reichte dem rastlosen Trompeter nicht, und so veröffentlichte er schon 1993 seine erste Soloplatte. Deren sind es mittlerweile schon zehn. Seine Alben *That summer* und jüngst *Oceana* stiegen in die Top 20 der deutschen Popcharts ein. Ausgezeichnet mit mehreren nationalen und internationalen Preisen, erweitert Till Brönner stetig seine musikalische Bandbreite. Zu seinen Veröffentlichungen gehören sowohl „klassische" Jazzplatten wie auch die Verjazzung des kölschen Karnevalsguts, alter UFA-Schlager und die Zusammenarbeit mit einem japanischen DJ. Für sich akzeptiert Till Brönner keine Musikschubladen und so hat er die letzte Platte von Hildegard Knef produziert und arbeitete auch schon mit Manfred Krug, den No Angels, Mark Murphy, aber auch den zwölf Cellisten der Berliner Philharmoniker zusammen.

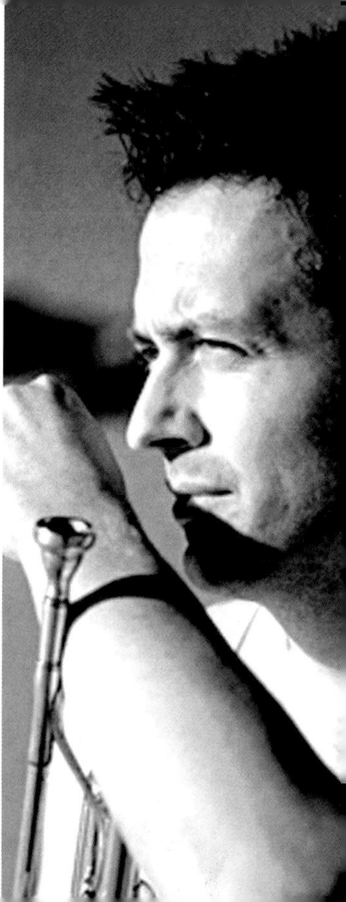

Ani Choying Drolma, 1971 in Nepal geboren, trat mit 13 Jahren in das Kloster Nagi Gompa ein, das am Rand des Kathmandu-Tales liegt. Der berühmte Meditationsmeister Tulku Urgyen Rinpoche begleitete ihr spirituelles Wachstum. Sie wurde in Meditation, religiösen Gesängen und Zeremonien unterwiesen und konnte schon bald andere Nonnen bei tibetischen Chö-Gesängen anleiten. Chö ist Meditation und Gesang in einem und reinigt Geist und Seele. Die überirdisch schöne Stimme und musikalische Sensibilität von Ani Choying machen ihre Sangeskunst zu einem spirituellen Erlebnis. 2005 erhielt sie in Nepal gleich vier Auszeichnungen: beste Sängerin, bestes Lied, beste Musik und beste Künstlerin des Jahres. Über die Grenzen ihres Heimatlandes wurde sie durch ihre Tourneen mit dem amerikanischen Gitarristen Steve Tibbets bekannt. Ani Choying singt für die Bildung: 1998 gründete sie die Nuns' Welfare Foundation of Nepal, die sich der Ausbildung von Nonnen widmet und aus dem Erlös ihrer Konzerte und Platten finanziert wird. Im Jahr 2000 konnte der Grundstein für die Nonnenschule Arya Tara gelegt werden. Schulbildung war bis dahin buddhistischen Mönchen vorbehalten.

Der Perkussionist und Sänger TRILOK GURTU wurde 1951 in Bombay geboren. Bereits im Alter von fünf Jahren begann er, die Tablas zu spielen, später kamen andere Perkussionsinstrumente hinzu. Mit 21 Jahren ging er nach Europa und arbeitete unter anderem mit Don Cherry, weltweite Tourneen mit der Jazz-Band Oregon folgten. Zusammen mit Jan Garbarek und Zakir Hussain spielte er in L. Shankars Quartett, später auch in John McLaughlins Trio. Immer wieder machte er durch seine originelle Verbindung indischer Rhythmen mit modernem Jazz auf sich aufmerksam. Er arbeitete unter anderem mit Joe Zawinul, Neneh Cherry, Annie Lennox und Pat Metheny, aber auch mit klassischen Musikern wie Yo-Yo Ma. In den letzten Jahren wandte er sich verstärkt der Weltmusik zu. Auf seinem elften Soloalbum *Broken Rhythms* vereinte er Blues mit Elementen der indischen Musik und tuvinischen Obertonreihen. Seit 1994 gewann er siebenmal in Folge den Kritiker-Preis der Zeitschrift *Downbeat* als bester Perkussionist des Jahres. Trilok Gurtu lebt heute in Hamburg.

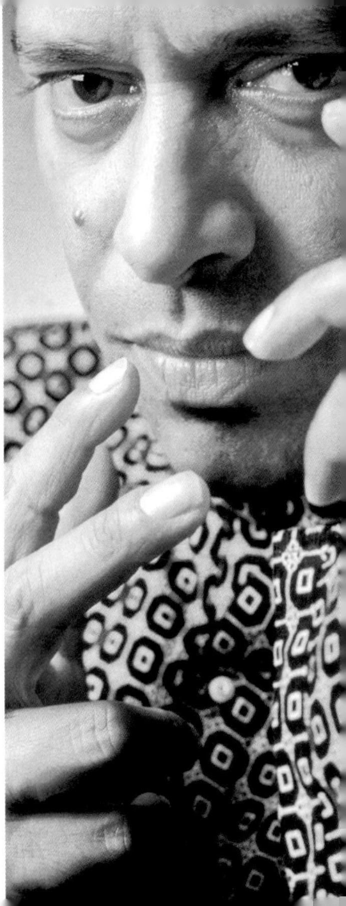

Matthias Habich, Jahrgang 1940, begann 1967 seine Theaterlaufbahn mit Engagements an verschiedenen Bühnen, darunter die Münchner Kammerspiele, das Schauspielhaus Zürich und das Renaissancetheater Berlin. Neben wichtigen Titelrollen am Theater spielte Matthias Habich in zahlreichen Film- und Fernsehproduktionen wie in der ARD-Serie *Klemperer – Ein Leben in Deutschland* (1999), in der Verfilmung des Grass-Romans *Die Rättin* (1997) oder in Margarethe von Trottas Verfilmung von Uwe Johnsons *Jahrestage* (2000). Für seine Darstellung des Heinrich Cresspahl wurde er mit dem Deutschen Fernsehpreis ausgezeichnet. Im Kino war er außerdem in Caroline Links *Jenseits der Stille* und in ihrem Oscar-prämierten Film *Nirgendwo in Afrika* zu sehen, für den er 2002 den Deutschen Filmpreis als Bester Nebendarsteller erhielt. Für seine Rolle in dem Thriller *Das Urteil* erhielt er 1998 den Adolf-Grimme-Preis. 2005 spielte er die Hauptrolle in der deutsch-polnischen Verfilmung der *Unkenrufe* von Günter Grass. Seine Stimme kennt man u. a. aus den Hörspielen *Sofies Welt* und *Fräulein Smillas Gespür für Schnee* (beide im Hörverlag erschienen).

Juliane Köhler, Jahrgang 1965, erhielt ihre Schauspielausbildung am H.B. Studio in New York, danach nahm sie in München Tanz- und Ballettunterricht. Sie spielte an zahlreichen deutschen Bühnen und wirkte in Fernsehproduktionen mit. Internationale Berühmtheit erlangte sie mit den Kinofilmen *Aimée und Jaguar* und *Der Untergang*. Im Kino spielte sie außerdem in zwei erfolgreichen Filmen der Regisseurin Caroline Link, dem Kinderfilm *Pünktchen und Anton* und *Nirgendwo in Afrika*. Juliane Köhler ist festes Mitglied im Ensemble des Münchner Residenztheaters. Für den Hörverlag las sie bereits Selma Lagerlöfs *Nils Holgersson*, *Karlchen-Geschichten* von Rotraut Susanne Berner, *Tosca* von Isabel Allende und *Träume und Traumdeutung* von Sigmund Freud. Im Hörspiel *Combray – Auf der Suche nach der verlorenen Zeit* von Marcel Proust sprach sie die Rolle der Mlle Vinteuil.

ANNETT LOUISAN wurde 1979 in Havelberg in der DDR geboren. Nach der Wende zog sie mit ihrer Mutter nach Hamburg und nahm ein Kunststudium auf, das sie mit Gelegenheitsjobs als Studiosängerin finanzierte. Sie wirkte bei den unterschiedlichsten Produktionen – von Klassik bis Trance – mit und wurde schließlich entdeckt: 2004 erschienen ihr Debütalbum *Bohème* und die Singleauskopplung *Das Spiel*, die bald von allen Radiostationen gespielt wurde und sich monatelang in den Top Ten der Charts hielt. Vier Goldene Schallplatten erhielt sie für *Bohème* und drei in Platin. 2005 wurde sie mit dem Echo in der Kategorie „Künstlerin des Jahres national Rock/Pop" ausgezeichnet, im selben Jahr folgte ihr zweites Album *Unausgesprochen*. Ihre Musik ist eine ungewöhnliche Mischung aus französischem Chanson, klassischem amerikanischen Songwriting, angereichert mit Jazz- und Folkelementen. Ihre Texte verbinden Herz und Hirn mit viel Ironie, und ihre Stimme ist von einer lässig zarten Präsenz.

Caterina Valente, 1931 in Paris als Kind einer berühmten italienischen Artistenfamilie geboren, stand bereits als Fünfjährige in der Manege. Gegen Ende des Zweiten Weltkriegs wurde sie mit ihrer Familie in ein russisches Internierungslager deportiert. Nach eineinhalb Jahren kam sie nach Paris zurück. 1953 gelang ihr der Durchbruch im Stuttgarter Varieté Friedrichsbau. Mit „Malaguena" erreichte sie als erste Europäerin Platz Eins der amerikanischen Charts und avancierte zum Weltstar. Sie wurde als Schlagerstar in Deutschland gefeiert, hatte aber immer ein Standbein in den USA und sang u. a. mit Louis Armstrong, Ella Fitzgerald und Dean Martin. Sie nahm Schallplatten in zwölf Sprachen auf. 1957 bekam sie im deutschen Fernsehen ihre eigene Show, die bis in die 70er Jahre produziert wurde. In den USA war sie immer wieder Gast der *Dean-Martin-*, *Perry-Cosmo-* und *Bing-Crosby-Show*. 2002 wurde Caterina Valente für ihr Lebenswerk der Echo verliehen, zweimal wurde sie mit dem Bambi ausgezeichnet und bekam 1986 das Große Verdienstkreuz überreicht. Heute lebt sie in der Schweiz und in den USA.

Die Gitarristen Kosho und Andreas Bayless, Florian Sitzmann an den Keyboards und natürlich Sänger Xavier Naidoo sind Mitglieder des Künstlerkollektivs „Söhne Mannheims“, das sich 1995 gründete und seitdem immer wieder gemeinsame Projekte verwirklichte. Schon in ihrem Debütalbum *Zion* setzten die Musiker, die auch solistisch und in anderen Formationen arbeiten, ihre unvergleichliche Mixtur aus R&B, Soul, Rap, HipHop und Pop um. Drei Jahre später feierten die „Söhne“ große Erfolge mit dem Album *Noiz,* das sofort auf Platz 1 der deutschen Albumcharts einstieg; eine ausverkaufte Hallentour folgte. Zum zehnjährigen Bestehen des Musikerkollektivs erschienen 2005 die Live-CD *Power of the Sound,* eine gleichnamige Doppel-DVD und der Bildband *Mitten unter euch.*

Mit der Veröffentlichung des Albums *Nicht von dieser Welt* (1998) begann der Erfolgsweg von Xavier Naidoo, der heute aus der deutschen Musiklandschaft nicht mehr wegzudenken ist. Im März 2002 erschien sein zweiter Longplayer, das Doppelalbum *Zwischenspiel/Alles für den Herrn,* welches nicht nur mit Verkaufsrekorden aufwarten konnte, sondern auch sofort die Albumcharts anführte. Trotz Millionenverkäufen, Charterfolgen und Auszeichnungen blieb der Mannheimer jedoch, wie er war: natürlich, menschlich und unprätentiös. Mit der Single *Ich kenne nichts (das so schön ist wie du)* schaffte er erstmalig auch den Sprung auf die Spitzenposition der Singlecharts. 2003 veröffentlichte er zeitgleich die Doppel-Live-CD und Doppel-DVD *Alles Gute vor uns,* bevor er dann die nächsten Erfolge mit der Formation „Söhne Mannheims“ feiern konnte, die er 1995 mit seinem langjährigen Partner und Freund Michael Herberger gründete. 2005 liefen dann sowohl die Aktivitäten der „Söhne Mannheims“ als auch seine Solokarriere parallel und ließen sein drittes Album *Telegramm für X* als eines der schnellstverkauften Alben erneut von Null auf Eins in die Charts schießen. Xavier Naidoo mag als eigensinnig gelten, da er sich konträr zum Auftreten anderer etablierter Künstler verhält. Doch auch nach den ganzen Erfolgsjahren ist ihm ein Ausleben seiner Wertvorstellungen immens wichtig. Sicher polarisiert er auch, aber was alle ihm attestieren, ist die Tatsache, dass er einfach „ein Mann mit einer fantastischen Stimme“ ist.

Andreas Vollenweider wurde 1953 in der Schweiz als Sohn eines der führenden Organisten Europas geboren. Er entdeckte 1975 „sein" Instrument, die Harfe, und entwickelte darauf eine eigene Spieltechnik und seinen unverkennbaren und unvergleichlichen Sound, mit dem er die ganze Welt eroberte. Seine Diskografie aus 15 Alben verkaufte sich rund um den Globus über 10 Millionen Mal. 2006 veröffentlichte Andreas Vollenweider eine DVD, die in vier Stunden die eindrücklichsten und wichtigsten Stationen seiner 25-jährigen Karriere zusammenfasst. In der Biografie dieses Ausnahmekünstlers tauchen große Namen wie Luciano Pavarotti, Bryan Adams, Bobby McFerrin, Milton Nascimento und viele mehr auf. Nebst verschiedenen Preisen und Nominierungen gewann er als erster Schweizer Musiker den begehrten Grammy Award. Einer der vielen Höhepunkte in Andreas Vollenweiders Leben war sein Harfenspiel zum 70. Geburtstag Seiner Heiligkeit des Dalai Lama, der es sich nicht nehmen ließ, dem Künstler und sogar seiner Harfe einen tibetischen Glücksschal umzulegen.

ROGER WILLEMSEN studierte Germanistik, Kunstgeschichte und Philosophie in Bonn, Florenz, München und Wien und promovierte 1984 über die Dichtungstheorie Robert Musils. Von 1994 bis 1998 war Willemsen Moderator der wöchentlichen Gesprächssendung *Willemsens Woche.* Seit 1999 moderiert er verschiedene Kulturveranstaltungen und -sendungen im deutschen Fernsehen und am Deutschen Schauspielhaus in Hamburg und wurde dafür u. a. mit dem Adolf-Grimme-Preis ausgezeichnet. Darüber hinaus arbeitet er als Produzent und gab 1996 sein Debüt als Regisseur mit dem Dokumentarfilm *Non Stop – Eine Reise mit Michel Petrucciani.* Auch als Herausgeber, Buchautor und Essayist ist er tätig. Seine kulturkritischen Beiträge veröffentlicht er in allen renommierten deutschsprachigen Zeitungen. 2005 reiste Roger Willemsen, der sich in verschiedenen humanitären Organisationen engagiert, für die Kampagne „Helfen steckt an" nach Afghanistan. Von seinen Erlebnissen berichtet er in seinem Buch *Afghanische Reise.* 2006 erschien Willemsens Buch *Hier spricht Guantánamo,* Aufzeichnungen seiner Gespräche mit Ex-Häftlingen aus den Internierungslagern.

RICHARD SCHÖNHERZ, geboren 1947 in Wien, erhielt ab dem 6. Lebensjahr eine klassische Klavierausbildung. Neben seiner Tätigkeit als Texter, Keyboarder und Leadsänger komponierte und arrangierte er u. a. für die „ORF-Big-Band", die „Wiener Philharmoniker" und für das „Royal Philharmonic Orchestra, London". 1970 und 1972 komponierte er den österreichischen Beitrag zum Eurovision Song Contest. Bekannt wurde er durch zahlreiche Kompositionen für André Heller (z. B. „Marilyn Monroe", „Gut ist's ein Narr zu sein"), den er auch 1974 und 1975 auf seinen Tourneen begleitete. Von 1980 bis 1999 lebte er in Kalifornien. In den USA wurde er durch seine Veröffentlichungen auf dem renommierten „Windham Hill Label" bekannt.

ANGELICA FLEER, geboren 1958 in Gelsenkirchen, erhielt ab dem 5. Lebensjahr eine klassische Klavierausbildung. Nach dem Abitur zog sie 1977 nach Frankfurt. Sie studierte an der Johann-Wolfgang-Goethe-Universität Musikwissenschaften und Musikpädagogik und als Schülerin der Frankfurter Musikwerkstatt Jazz-Arrangement und Kompositionslehre. Als Keyboarderin tourte sie u. a. 1987 mit Stanislaw Soyka und trat mit ihm auch beim „Sopot Festival" in Polen auf. 1989 spielte sie Konzerte mit „Wolfgang Niedecken und Komplizen" in Mosambique. Sie komponierte u. a. für Sally Oldfield, Robin Beck und die Kölner Rockgruppe BAP. Ihr Soloalbum *Waiting For The Big Rain* wurde von den Kritikern hoch gelobt und 1997 international (auch USA) veröffentlicht. Im Jahr 2004 hat das Künstlerpaar Schönherz & Fleer für das *Rilke Projekt* 1 bis 3 den Internationalen Buchpreis CORINE 2004 in der Kategorie „Hörbuch" erhalten.

Schönherz & Fleer HESSE Projekt

„Die Welt unser Traum"

Textauszüge und Gedichte: Hermann Hesse
Komposition, Arrangement und Produktion: Schönherz & Fleer
Idee und Konzept: Schönherz & Fleer
Textauszüge und Gedichte: Suhrkamp Verlag, Frankfurt am Main
Musikverlag: Edition Poesiemusik (Sony/ATV)

Tonstudios – Tontechnik:
Farsight East & West, Frankfurt/Main & Bolinas, California – Richard Schönherz | Different Fur, San Francisco – Rick Perez | Windwood Studios, Bolinas, California – Christian Konopka | Bomapark Sound Labs, Switzerland – Andreas Vollenweider | CAVE Studios, Riva San Vitale, Switzerland – Alexander Budd | Zero Tolerance Studio, Berlin – Jacki Engelken, Ulrik Spies | „Toncafé", Frankfurt/Main – Christian Schreitter | Rotlichtstudio, Mannheim – Michael Eidt | Home Studios, Hamburg – Jan Helle | Pilot Studios, München – Kai Martinkovic | Trilok Gurtu Aufnahmen – Mehmet Ergin | Till's Studio, Berlin – Till Brönner | Off Town Music, Offenbach – Tom Schlüter | Sound Studio N, Köln – Hans-Günther Kasper | City Music Studio, Offenbach – Achim Schnall | drumtrax, Frankfurt/Main – Andreas Neubauer | CricriMusic Studios, Frankfurt/Main – Christoph Aupperle | Hazelwood Studios, Frankfurt/Main – Wolfgang Gottlieb | Rundfunkstudio Warschau, Polen – Tadeusz Mieczkowski
Mastering: Christoph Stickel/MSM-Studios, München

Covermotiv „Milky Way Dreaming" Acrylic on canvas 84cm X 81cm ©2004 Janet Forrester Nangala, courtesy of Aboriginal Artists Agency Limited
Story details: The painting depicts the countless stars of the Milky Way. The Milky Way is believed to be sacred, as a residence for Totemic Beings. Aboriginal people believe that the stars and the planets once were men, women and animals during the Creation Times.

Ani Choying Drolmas Angaben zu den von ihr gesungenen Mantren:
Einleitung zu „Der erhobene Finger": OM AH HUNG BAJRA GURU PADMA SIDDHI HUNG –
This mantra is to remove negative energy, dispel obstacles and fulfill wishes.
Finale von „Der erhobene Finger": DU SUM SANGYE GURU RINPOCHE, NGO DRUP KUNDAK DEWA CHENPO SHYAP, BARCHE KUNSEL DUDDUL DRAKPO TSAL, SOLWA DEPSO CHINGYI LAP TU SOL, CHI NANG SANGWE BARCHE SHYIWA DANG, SAMPA LHUNGYI DRUP PAR CHIN GYI LOP
Translation: Guru Rinpoche, the buddha of past, present and future, Dewa chenpo, the source of all siddhis, Duddul Drakpo Tsal, who removes all obstacles, Grant your blessings we pray! through them, may all obstacles – outer, inner and secret – be quelled, and may all our aspirations be fulfilled.

Künstlerfotos (soweit nicht anders gekennzeichnet): Ralf Braum; Till Brönner © Jim Rakete; Trilok Gurtu © Guido Harari; Florian Sitzmann © Jörg Steinmetz; Caterina Valente © Mauro Balletti; Hermann Hesse © Martin Hesse/Suhrkamp Verlag
Videoteam: Sehstern Filmproduktion Vita Spieß und Reiner Krausz
Kameraassistenz und Ton: Katrin Feller, Robi Güver, Frank Harroider, Axel Honer, Dirk Krecker, Holger Braune, Lucie Wesbrock und Roger Strauß
Coverdesign: Der Hörverlag

Kontakt:
DER HÖRVERLAG Lindwurmstraße 88, 80337 München, 0049 (0) 89 21 06 94-0, info@hoerverlag.de
Schönherz & Fleer: RA Pascal Charles Amann Tel.: 0049 (0) 6151 10 11 40 Fax: 0049 (0) 6151 10 11 411
Heidelberger Str. 64 D-64285 Darmstadt/Germany
e-mail: pa@ra-amann.de

Weblinks:
www.hesse-projekt.de
www.rilke-projekt.de
www.schoenherz-fleer.de
www.stephenkent.net
www.choying.com
www.hoerverlag.de

Unser Dank geht an:
Eva Aebi; Sami Ahmed (Xavier Naidoo GmbH ‚Söhne Mannheims'); Eric van Aro (Eraki Entertainment); Michael Böttcher; Ralf Braum; Pino Brönner und Michael Schöbel (Büro Michael Schöbel); Bernhard Frantsits; Marian Funk; Norman Görlitz (Meistersinger Konzerte & Promotion), Anette Henke (noa noa Fernsehproduktion); Martina Hildenbrand; Familie Marlies und Klaus Holitzka; Manfred Honetschläger; Stefanie Johst (Naidoo Records); Christiane Kreiner; Vera Laux; Graham Lawson (Mintaka Management); Margaret Littlefield; Jeffe Mangold; Birte Marquardt; Mario Mendrzycki, Aissata Hartmann (Triple M Entertainment); Stefan Piendl; Frank Ramond; Carla Rehm, Gabriele Frederking und Beate Mittermayer-Schätz (Agentur Alexander); Rainer Ritter (RR Promotion); Sylvie Rossi (Impact Music AG); Roman Rybnikar (105 Music); Dawn-Faith Schönherz; Franz-Josef Schöniger (Betten & Resch); Christine Schweitzer (schweitzer-design); Peter Siedlaczek; Meg Simonds & Mark Butler; Vita Spieß; Reiner Krausz (Sehstern Filmproduktion); Jutta Stegemann; Christoph Stickel, Ulla Bucarey (msm-studios); Edith Vanderlijde; Chris Vogt.

Unser besonderer Dank geht an: Renate Schönbeck, Heike Völker-Sieber, Bettina Halstrick, Robert Wildgruber, Johannes Stricker, Anke Hardt, Barbara Glökler und das gesamte HÖRVERLAG-Team; Ulla Unseld-Berkéwicz, Manfred Ortmann, Dr. Petra Hardt, Winfried Hörning, Philip Roeder (Suhrkamp & Insel Verlag); Christiane Schütze (SONY BMG Music Entertainment); Patrick Strauch, Axel Erler (Sony/ATV); Heinz Felber; Ram Thapa (Deutsch-Nepalische Gesellschaft);

Unser ganz besonderer Dank geht an:
Unseren RA Pascal Charles Amann für Rat und Tat und seine unschätzbare Unterstützung bei der Realisation des Hesse Projekts; Claudia Baumhöver, die uns zu jeder Zeit der Produktion mit Glauben an unsere Vision und erfrischender Herzlichkeit zur Seite stand; Silver Hesse und die Hesse-Familie für ihre Offenheit und ihr Vertrauen in unsere Arbeit; Volker Michels für seine engagierte, freundliche Hilfestellung und für unvergessliche Stunden in dem von ihm aufgebauten Hesse-Editionsarchiv; Dr. Rainer Weiss, für seine konstruktive Hilfe in den ersten Stunden des Projektes; Michael Brüggemann für seine Kooperation und seinen persönlichen Einsatz zur Verwirklichung des „Hesse Projekts"; Walter Sitzmann, der uns liebevoll seine langjährige UNO-Erfahrung im Bereich der Kommunikation mit dem internationalen Entertainment-Business zur Verfügung stellte; unseren Sohn, Noah Maria, der mit viel Liebe und Geduld in den vergangenen zwei Jahren das Hesse Projekt begleitete.

Angelica Fleer und Richard Schönherz bedanken sich bei allen mitwirkenden Künstlern für die phantastische und unvergessliche Zusammenarbeit am Hesse Projekt, für das Vertrauen, die Offenheit und Experimentierfreude. Es war wundervoll mitzuerleben, mit wie viel Sensibilität, Sorgfalt und Respekt sich die Interpretinnen und Interpreten den Hesse-Texten näherten.
Den mitwirkenden Musikern danken wir ganz herzlich für ihren kreativen Input.
Wir danken auch allen Freunden des Rilke Projekts, deren begeisterte Resonanz uns bei der Verwirklichung unserer künstlerischen Vision unterstützt.

Till Brönner appears courtesy of Universal Jazz/Verve
Annett Louisan: mit freundlicher Genehmigung der 105 Music GmbH
Xavier Naidoo: mit freundlicher Genehmigung der Naidoo Records GmbH
Members of Söhne Mannheims: mit freundlicher Genehmigung
der Xavier Naidoo GmbH ‚Söhne Mannheims'

In memoriam Christa Fast

Hermann Hesse

wurde am 2. Juli 1877 in Calw als Sohn des baltischen Missionars Johannes Hesse und seiner Frau Marie, der Tochter eines württembergischen Indologen, geboren. Für die Theologenlaufbahn bestimmt, flüchtete er im Alter von 14 Jahren aus dem Klosterseminar Maulbronn, weil er „entweder Dichter oder gar nichts" werden wollte. Nach einem Selbstmordversuch wurde er in eine Nervenheilanstalt verbracht. Eine kurze Gymnasialzeit in Cannstatt schloss er mit der Mittleren Reife ab und absolvierte mehr als ein Jahr ein Praktikum in einer Calwer Turmuhrenfabrik. Nach einer Buchhändlerlehre in Tübingen und Basel schrieb er u. a. seinen ersten Roman *Peter Camenzind* (1904), dessen Erfolg es ihm erlaubte zu heiraten und sich als freier Schriftsteller am Bodensee niederzulassen. 1912 verließ Hermann Hesse Deutschland und zog mit seiner Familie nach Bern. Dort baute er die *Bücherzentrale für Deutsche Kriegsgefangene* auf, welche in ausländischen Lagern internierte Soldaten bis 1919 mit Lektüre versorgte. Im Mai 1919 übersiedelte er nach Montagnola/Tessin in die Casa Camuzzi, die er bis 1931 bewohnte. Hier schrieb er seine berühmtesten Werke: 1919 *Demian*, 1922 *Siddhartha*, 1927 *Der Steppenwolf*, 1930 *Narziß und Goldmund* und 1943 *Das Glasperlenspiel*. Für seine literarische Tätigkeit wurde er 1946 mit dem Nobelpreis für Literatur ausgezeichnet. Am 9. August 1962 starb Hermann Hesse in Montagnola.

SCHÖNHERZ & FLEERS **RILKE PROJEKT** LIVE

„Zwischen Tag und Traum"

Die LIVE-DVD „Zwischen Tag und Traum" der ausverkauften und äußerst erfolgreichen RILKE PROJEKT LIVE Tour 2004 als edle Digipack-Version.

Die vier Hauptdarsteller JÜRGEN PROCHNOW, ROBERT STADLOBER, NINA HOGER und ZABINE zitieren und singen die bekanntesten Titel aus den 3 vorhandenen Rilke Projekt CDs, und sprechen bewegende Gedichte Rilkes zu einer einzigartigen Bühnenshow! Die knapp 190 minütige DVD verspricht alleine 90 Minuten Bonusmaterial mit vielen Extras: Making of, Interview mit dem Enkel von Rainer Maria Rilke, Behind the Scenes – alles im 5.1 DTS Surround Sound!

DVD 82876 69232 9

DER OFFIZIELLE READER ZUM **RILKE PROJEKT**

„Zwischen Tag und Traum"

Zur erfolgreichsten Rilke-Adaption aller Zeiten erscheint das Begleitbuch im insel taschenbuch – zahlreiche Farbfotos – die kompletten Bühnentexte – alle Gedichte des Rilke-Projekts – die Entstehungsgeschichte – die Protagonisten – die Musiker – Blick hinter die Kulissen – Kurzbiographie Rainer Maria Rilke

broschiert

ISBN: 3-458-34878-6
Insel-Verlag Frankfurt